COMPRENDRE
LA LITTÉRATURE

MIXTE
Papier issu de sources responsables
Paper from responsible sources
FSC® C105338

BORIS VIAN

L'Herbe rouge

Étude de l'oeuvre

© Comprendre la littérature.

22 rue Gabrielle Josserand - 93500 Pantin.

ISBN 978-2-75930-736-4

Dépôt légal : Septembre 2023

Impression Books on Demand GmbH
In de Tarpen 42

22848 Norderstedt, Allemagne

SOMMAIRE

- Biographie de Boris Vian.. 9

- Présentation de *L'Herbe rouge*..................................... 17

- Résumé du roman.. 21

- Les raisons du succès.. 37

- Les thèmes principaux... 41

- Étude du mouvement littéraire....................................... 47

- Dans la même collection... 51

BIOGRAPHIE DE BORIS VIAN

Boris Vian naît le 10 mars 1920 de l'union de Paul Vian et d'Yvonne Ravenez, tous deux issus de familles de la grande bourgeoisie française. Il est le deuxième né d'une fratrie de quatre enfants (Lélio, Alain et Ninon). Sa mère, passionnée d'opéra et de musique classique, choisira son nom en hommage à l'opéra russe *Boris Godounov* de Modeste Moussorgski.

Boris connaît une enfance heureuse dans la villa familiale « les Fauvettes » à Ville-d'Avray où il profite des bons soins de sa mère et de sa tante et de l'attention de son père, rentier et très présent pour ses enfants. Il reçoit également une instruction très tôt et sait lire dès l'âge de cinq ans. Cependant, c'est un enfant fragile atteint d'une insuffisance aortique dès l'âge de 12 ans, particulièrement mortelle à l'époque. Couvé, très protégé, il suit des cours à domicile et semble être étouffé par une mère poule qu'il surnomme même la « mère Pouche ». Il lui en gardera d'ailleurs une profonde rancœur qu'on retrouvera dans plusieurs de ses romans, notamment *L'Herbe Rouge*.

En 1929, la famille Vian est frappée de plein fouet par la crise économique et le krash boursier engloutit toute leur fortune. Ils doivent alors déménager dans la maison de gardien de la villa pour rester à Ville-d'Avray et Paul Vian devient commercial. Malgré ce drame, la famille reste soudée et heureuse et Boris se noue même d'amitié avec le fils des nouveaux habitants de la villa : Yehudi Menuhin, prodige du violon. Boris Vian se passionne également pour le jazz, notamment pour Duke Ellington. Joueur de trompette (« sa trompinette ») et collectionneur de disques, le jazz et particulièrement l'improvisation musicale, mais aussi la danse le suivront toute sa vie, et ce malgré ses problèmes de santé.

D'abord scolarisé à domicile, il poursuit son éducation aux lycées de Sèvres et de Versailles et obtient un baccalauréat de philosophie option mathématiques.

En 1939, il intègre l'École Centrale et est contraint de partir à Angoulême, dès septembre, alors que la guerre éclate. Il est cependant exempté du fait de son état de santé.

Pendant l'été 1940, alors qu'il rejoint sa famille pour les vacances d'été au Cap-Breton, il rencontre deux personnes qui marqueront sa vie : Michelle Léglise, sa future première femme, et Jacques Loustalot, dit le « Major », dont les frasques seront une grande source d'inspiration.

À partir de 1940 et malgré l'Occupation, Boris Vian se laisse emporter par le mouvement zazou et par le jazz. Mouvement extravagant en réaction à l'occupation allemande, le mouvement zazou voit dans le jazz une folie et une joie qui expriment parfaitement son désir de résistance. Commence alors une période de fête et de libération pour Boris qui se défait des dernières entraves et angoisses de l'enfance. Néanmoins, jusque-là apolitique, il est marqué par cette période et en tire une haine féroce de la guerre, qu'il juge absurde.

Le 3 juillet 1941, il épouse Michèle Léglise avec qui il partage sa passion pour la littérature et pour le cinéma. Se rêvant elle-même auteure, la jeune femme a une influence majeure sur Boris Vian et sur ses ambitions d'écrivains. Ils écrivent ensemble. De leur union naît Patrick Vian, le 12 avril 1942.

En août 1942, il est engagé à l'Agence française de normalisation, l'Afnor, en tant qu'ingénieur affecté à la normalisation de la verrerie. C'est son premier emploi. Insomniaque, il s'essaye seul à l'écriture pendant ses nuits d'angoisse.

En 1943, il rédige une première version de *Vercoquin et le plancton* qu'il montre à son ami François Rostand qui lui-même le montre à Raymond Queneau. En charge d'une collection Gallimard destinée aux jeunes auteurs, Queneau lui conseille de remanier son roman.

Dans la nuit du 22 au 23 novembre 1944, Boris Vian perd

son père. Profitant du chaos de la Libération, deux individus s'introduisent dans la maison des Vian et touchent mortellement Paul Vian au ventre. Le crime ne sera jamais élucidé.

Le 18 juillet 1945, il signe son premier contrat avec Gallimard, c'est le début pour lui d'une nouvelle vie mondaine aux côtés des figures mythiques de l'immédiat après-guerre : Camus, Sartre, Beauvoir...

Le 15 février 1946, il démissionne de l'Afnor et rejoint l'Office professionnel des industries et des commerces du papier. C'est là-bas qu'il crée les personnages de *L'Écume des Jours*, ouvrage qui lui permettra de passer de chroniqueur potache à écrivain poétique et fragile.

En mai 1946, il finit *L'Écume des Jours*, qu'il écrit en deux mois. Il espère remporter le Prix de la Pléiade et ainsi vivre de sa plume. Le président du jury, Paul Paulhan lui promet le prix mais André Malraux fait pression en faveur du concurrent de Vian. Le prix ne lui est alors pas décerné, c'est l'humiliation.

En août 1946, à la suite d'un pari avec le jeune éditeur Jean d'Halluin, il écrit la pseudo traduction d'un roman américain intitulé *J'irai cracher sur vos tombes* qui reprend beaucoup du roman noir américain par sa violence et sa sexualité exacerbée. L'ouvrage est publié en novembre 1946. C'est un franc succès. Boris Vian considérera cependant toujours l'ouvrage comme mineur au sein de son œuvre.

Dès février 1947 commence un procès contre *J'irai cracher sur vos tombes* qui suivra son auteur pendant des années : Daniel Parker et le Cartel d'action morale et sociale déposent une plainte pour incitation des adolescents à la débauche. Au cours de ce feuilleton judiciaire, Boris Vian fera même quinze jours de prison en 1953. Ce procès éclipse aussi les autres publications de l'auteur et lui fait une réputation de pornographe immoral. Cette réputation le poursuivra toute sa vie.

Le 11 avril 1947, le club le Tabou est inauguré et Boris Vian et son petit orchestre de jazz composé de ses frères et de Guy Montassut deviennent l'attraction du club. Vian devient de plus en plus un dandy rejetant les normes préétablies et en quête d'une élégante et joyeuse transgression.

En octobre 1947, son médecin l'avertit : son orchestre épuisera sa santé. Ses apparitions se raréfient, il abandonne même la trompette en 1951.

En janvier 1948, Boris Vian fait face à un nouveau drame : la mort du Major qui tombe d'une fenêtre alors qu'il enjambait un balcon. Suicide ou accident, les frasques habituelles du jeune homme brouillent les pistes à jamais.

En avril 1948 naît un deuxième enfant, Carole, alors que les relations entre Vian et Michèle Léglise se dégradent.

En juin 1948, c'est l'ouverture du Club Saint-Germain. Boris Vian abandonne la scène amateur et invite ceux qu'il admire : Duke Ellington, Miles Davis ou encore Sydney Bechet.

Le 8 juin 1950, il rencontre, lors d'un cocktail chez Gallimard, Ursula Kübler, danseuse des Ballets Roland Petit, dont il tombera fou amoureux. Dès 1951, il quitte sa femme Michelle pour vivre avec Ursula.

Le 8 juin 1952, il est admis au Collège de 'Pataphysique.

Le 15 janvier 1953, il publie *L'Arrache-cœur* aux éditions Vrille et devient le 11 mai de la même année membre du corps des Satrapes du Collège de 'Pataphysique.

Il se marie avec Ursula Kübler le 8 février 1954.

En 1955, il s'essaye à la chanson. C'est d'abord un échec cuisant mais ça ne l'empêche pas d'enregistrer ses *Chansons possibles et impossibles* et d'amorcer une tournée après un entraînement vocal approprié.

À partir de 1956, ses problèmes de santé se multiplient et il fait plusieurs œdèmes pulmonaires.

Le 23 juin 1959, il meurt d'une crise cardiaque au cinéma Marbeuf lors de la projection privée de *J'irai cracher sur vos tombes*, adaptation laborieuse de son œuvre la plus controversée.

PRÉSENTATION DE L'HERBE ROUGE

L'Herbe Rouge paraît le 20 juin 1950 aux éditions Toutain à très petit tirage, moins de 3000 exemplaires. L'éditeur se trouvant dans de grandes difficultés lors de la parution du roman et Boris Vian lui-même ne bénéficiant pas de la réputation suffisante, le titre est très peu diffusé et rapidement pilonné, à l'exception des exemplaires rachetés par le Collège de 'Pataphysique.

Comme *L'Arrache-cœur*, *L'Herbe Rouge* est l'un, si ce n'est le livre le plus autobiographique de l'œuvre de Boris Vian. Il est en tout cas le livre le plus ouvertement inspiré du passé de l'auteur.

Ainsi, on y retrouve sa honte d'une enfance bien trop couvée et sa rancœur contre une mère poule aveuglée par son désir de protéger ses enfants, notamment lorsque Wolf raconte son enfance à Monsieur Perle. De plus, le livre reposant sur la quête intérieure du personnage principal, il s'amuse des codes de la psychanalyse, la critique et la moque, se servant de l'humour et de l'absurde pour lui attenter un procès assassin. Dès lors, on retrouve évidemment des thèmes chers à la psychanalyse comme la question de la mort et de la vacuité de l'existence.

Aussi, on peut voir en filigrane de cette quête de soi absurdement psychanalytique, une réflexion sociale non seulement sur les institutions mais aussi et surtout sur les rapports entre les femmes et les hommes. En effet, on peut voir une critique des institutions dans l'inauguration de la machine de Wolf tandis que les couples Saphir Lazuli - Folavril et Wolf - Lil permettent une réflexion sur les rapports hommes-femmes. Si le rapport homme-femme, et surtout la position des femmes est un thème récurrent de l'œuvre de Boris Vian, *L'Herbe Rouge* est cependant son premier ouvrage où les femmes sont autonomes, supérieures aux hommes et tendent à s'émanciper.

RÉSUMÉ DU ROMAN

Chapitre 1

Jeunes ingénieurs, Wolf et son collègue Saphir Lazuli ont construit une machine. Le roman s'ouvre sur les deux hommes venus vérifier une dernière fois le bon fonctionnement de celle-ci. Saphir Lazuli part en scooter avec sa petite amie, Folavril et la femme de Wolf, Lil. À leur arrivée dans la machine, Wolf démarre celle-ci, qui semble marcher parfaitement.

Chapitre 2

Maintenant que la machine fonctionne, Lil demande à Wolf de prendre quelques vacances afin de passer du temps avec elle. Celui-ci refuse car il souhaite utiliser son invention pour effacer tous ses souvenirs. Sur l'insistance de Lil, Wolf consent à prendre deux jours de vacances. À côté d'eux, Saphir embrasse Folavril pour la première fois mais voit soudain en face de lui un homme qui les observe. Terrifié, il ferme les yeux, l'homme a disparu quand il les rouvre.
Pour fêter leur succès, Wolf invite Lazuli et Folavril à dîner. Tous acceptent avec joie et se dirigent vers la maison où Lil et Wolf occupent le premier étage et Folavril et Lazuli le deuxième étage, chacun dans leur propre appartement. Ils sont accueillis par le sénateur Dupont, le chien de Lil et Wolf. Sur le chemin, Lazuli a toujours la sensation de la présence de cet homme mais la met sur le compte d'une fatigue nerveuse.

Chapitre 3

Wolf, Lil, Lazuli, Folavril et le sénateur Dupont dînent ensemble. Au dessert, Lazuli propose de continuer la soirée. Lil invite quelques amis de Wolf, pensant lui faire plaisir. Les quatre amis terminent de dîner, et au bout d'un quart d'heure les invités arrivent.

Chapitre 4

La fête bat son plein, Wolf s'éclipse quelques instants pour aller dans son bureau. Là, il s'allonge sur un grand miroir et discute avec son reflet de son projet d'utiliser la machine. Le reflet n'est pas contre ce projet.

Chapitre 5

Wolf est revenu dans le salon, des couples dansent, il invite Folavril à danser puis l'entraîne dehors. Allongés dans l'herbe, ils contemplent le ciel. Leur conversation anodine dérive doucement, Wolf semble troublé par Folavril. Dans un contexte poétique et bucolique, ils finissent par s'endormir dans l'herbe.

Chapitre 6

Le lendemain de la soirée, Wolf part jouer au « plouk » avec le sénateur Dupont qui tire la charrette. Ils discutent, surtout de l'embonpoint du chien. Lil les rejoint. Wolf et Lil laissent le sénateur Dupont quelques instants pour aller se promener dans le bois. Ils reviennent sur la soirée, Wolf est jaloux que Lil ait dansé avec Lazuli comme Lil est jalouse que Wolf ait passé le reste de la soirée avec Folavril. Cela ne dure pas, très vite la conversation revient sur la machine, le projet de Wolf et son obsession pour son travail. Ils font l'amour puis se séparent, Lil a une course à faire.

Chapitre 7

Wolf joue au « plouk » avec le sénateur Dupont à ses côtés. Le jeu ne semble pas beaucoup amuser Wolf, Dupont taquine son maître qui n'aime rien, n'a envie de rien. S'ensuit une nouvelle conversation sur la machine. Comme Lil, Dupont s'interroge sur les motivations de Wolf. Dès lors, Wolf et Dupont débattent de l'importance du bonheur, d'avoir un but pour être heureux. Dupont lui confesse alors qu'il a toujours rêvé d'avoir un ouapiti. Pour lui faire plaisir et savoir ce qu'est la vie quand on a réalisé son plus grand rêve, Wolf part avec Dupont, fou de joie, à la recherche d'un ouapiti.

Chapitre 8

Lil va consulter une voyante. Cette dernière lui annonce qu'une personne de sa maison va connaître un grand bonheur. Cela redonne confiance à Lil quant au projet de Wolf.

Chapitre 9

Wolf et Dupont sont en chasse, ils cherchent un ouapiti. Quand ils le trouvent et l'apprivoisent, Dupont est absolument aux anges. La scène attriste Wolf.

Chapitre 10

Lazuli vérifie que la machine marche toujours pendant que Folavril rêve dans l'herbe. Alors qu'il achève son ouvrage et vient s'allonger auprès de Folavril pour l'embrasser, l'homme réapparaît, avant de se volatiliser dans l'air. Lazuli essaye d'expliquer ce qui vient de lui arriver à Folavril mais celle-ci n'a rien vu. Elle arrive à l'apaiser, ils se rallongent dans l'herbe.

Chapitre 11

Wolf semble faire un rêve à demi-conscient, un rêve très abstrait, fait de sensations, où il fait corps avec l'espace, se fond avec lui. Il se réveille, troublé, se prépare car c'est le jour de l'inauguration de la machine.

Chapitre 12

Inauguration de la machine, défilé des officiels et cérémonial parodique et absurde. Wolf semble absent et personne ne porte grande attention à cette machine dont nous ne savons même pas vraiment l'utilité.

Chapitre 13

C'est l'heure d'utiliser la machine. Lazuli aide Wolf pour cette première tentative, ne peut pas s'empêcher de questionner les raisons de Wolf, ne comprenant pas sa détresse. La machine démarre, on dirait une fusée qui décolle. Pourtant, Wolf n'est pas transporté dans un monde physique mais dans ses souvenirs. Après quelques réticences, il se laisse prendre par ces souvenirs.

Chapitre 14

Ici, Wolf est assailli par des souvenirs qui s'emmêlent et ne sont pas forcément les siens, il semble traverser un ensemble de souvenirs confus, un « passé fictif » comme il dit. Après une traversée tumultueuse, il atterrit enfin.

Chapitre 15

Il est dans une forêt, un homme vêtu de sa propre barbe l'attend sur un banc de pierre blanche, c'est Monsieur Perle. Armé de fiches sur Wolf, il commence à lui poser un certain nombre de questions. Wolf, qui le trouve intrusif et désorganisé, s'énerve et refuse de répondre.

Chapitre 16

Monsieur Perle expose le plan de l'interrogatoire à Wolf, ce dernier l'accepte. Cet interrogatoire porte sur tous les aspects de la vie de Wolf et Monsieur Perle est là pour l'interroger sur ses rapports familiaux. Au cours de cet interrogatoire, Wolf montre que son rapport à ses parents est un mélange de honte et de tendresse. Il décrit une enfance heureuse et des parents prévenants, trop prévenants, qui l'ont finalement surprotégé et en ont fait longtemps un être faible et mou. Ainsi, réalisant un jour que les autres parents donnent beaucoup plus de liberté à leurs enfants, que ces enfants sont plus élégants avec cette liberté, Wolf se sent honteux et laid et décide de se rebeller contre l'ordre établi, c'est-à-dire les ordres prévenants de ses parents. Fin de l'entretien, Monsieur Perle disparaît, c'est le noir.

Chapitre 17

Il fait nuit, Lazuli attend le retour de Wolf devant la machine. Folavril le rejoint. À nouveau, au moment où ils s'embrassent, l'homme réapparaît. Il a le teint pâle et est vêtu de noir, il est lugubre. Mais, le temps qu'il le regarde, l'homme n'est plus là. Folavril n'a toujours pas vu l'homme, tente de rassurer Lazuli, le croyant pris d'une hallucination.

À ce moment, Wolf sort de la machine, tombe sur les genoux, épuisé. Oubliant leur propre mésaventure, Lazuli et Folavril se précipitent sur Wolf et l'aident à marcher jusqu'à la maison.

Chapitre 18

Nous sommes chez Wolf et Lil, celle-ci est en train de se faire les ongles. Wolf rentre, il est toujours fatigué mais s'est remis de son passage dans la machine. Il souhaite discuter avec Lil qui revient une nouvelle fois sur la machine. Elle essaye encore de le raisonner, de lui rappeler que cette machine n'est qu'une commande et non la réponse à toutes ses questions. Wolf maintient ses positions, tente de lui expliquer qu'oublier ses souvenirs est son dernier espoir mais Lil n'arrive pas à y voir autre chose qu'un entêtement pessimiste et puéril. Face à ce dialogue de sourds, Wolf propose à Lil de sortir, elle préfère qu'il sorte avec Lazuli. Wolf va le chercher pour une virée entre amis.

Chapitre 19

Les deux amis sont dans le salon de Wolf, ils boivent une bouteille de « reginglot » avant de partir dans le quartier des maisons closes, « voir les filles ». Sur le chemin, Lazuli se confie sur ses visions de cet homme qui n'apparaît que quand il embrasse Folavril. Wolf ne le croit pas, pense que Lazuli invente une excuse pour quitter Folavril. Ils entrent dans « le quartier des amoureuses », le quartier des maisons closes. Là, ils mangent des sandwichs au poivre et boivent de l'alcool d'ananas avant de passer un moment avec les amoureuses.

Chapitre 20

Wolf et Lazuli reprennent conscience et font la rencontre de deux marins en sortant d'une des maisons closes, Sandre et Berzingue. Avec eux, ils vont jouer à la « saignette », jeu de fléchettes sanglant où les cibles sont des jeunes personnes nues et les fléchettes des aiguilles que l'on lance avec une sorte de pipe faisant office de sarbacane. Sandre se révèle particulièrement sadique tandis que Berzingue reçoit cinquante aiguilles dans le visage pour le punir de jouer trop fort. Troublé par ce spectacle, Lazuli accepte de partir avec Wolf, mal à l'aise depuis le début du jeu.

Chapitre 21

Sur le chemin du retour, les deux hommes passent par les cavernes. Ce sont des cavernes magnifiques ornées de pierreries resplendissantes. Ils discutent de la machine et du liquide qui en suintait la dernière fois que Wolf en est sorti. Wolf y voit un sang épais là où Lazuli n'y voit qu'un effet de condensation. Lazuli étant plus réceptif, Wolf se confie sur son expérience dans la machine. Il dit y voir les choses telles qu'elles « ont été » et que ce qu'il fait est inévitable. Pourtant, la conversation dégénère et les deux amis se disputent. Lazuli met fin à la conversation en proposant d'aller voir « le nègre qui danse ».

Chapitre 22

Lazuli et Wolf atteignent l'alcôve du nègre qui danse et le regardent danser pendant deux heures. Ils sortent des cavernes et passent devant la machine sur le chemin du retour à la maison. Wolf décide de retourner dans la machine, Lazuli le laisse seul et rentre chez lui.

Chapitre 23

Ramené dans ce monde des souvenirs, Wolf remarque cependant un changement de décor. La forêt est maintenant une rue pavée, un grand bâtiment gris et une cour carrée qui lui rappelle son lycée. Dans un bureau de surveillant général, il rencontre Monsieur Brul, collègue de Monsieur Perle, qui est là pour continuer l'entretien amorcé dans la forêt. Il est chargé de revenir avec Wolf sur ses années d'études. Cependant, parce que les années de religion sont étroitement liées aux années d'études et sensiblement plus courtes, il l'envoie d'abord voir l'Abbé Grille. Au détour d'un couloir, Wolf entre donc dans le bureau de cet abbé. Avec lui, ils font le constat de son athéisme, essayent d'en comprendre les causes, débattent du bien-fondé de la religion et de l'énigme de la foi. L'Abbé Grille lui montre même une photo de Dieu, c'est Ganard, un ancien camarade de classe de Wolf.

Chapitre 24

De nouveau en chemin vers le bureau de Monsieur Brul, Wolf se rappelle sa première communion et la retraite qui l'a précédée. Il se souvient les confessions, les rites, toute la liturgie de son enfance. Il rejoint Monsieur Brul.

Chapitre 25

Maintenant dans le bureau de Monsieur Brul, Wolf revient sur ses études. Son interlocuteur essaye parfois d'amener la conversation vers son rapport aux femmes et ses amours mais Wolf reste concentré sur son parcours scolaire, particulièrement long, pour lui dénué de sens, simple mise en ordre du temps et obstacle à la liberté. Il ressent face à ses études un mélange de résignation et de haine. De résignation d'abord parce qu'il sait que s'il a sacrifié sa liberté, c'était pour gagner la tranquillité d'esprit d'une vie réglée. De haine ensuite car c'est une activité infiniment banale et il n'a jamais su que se conformer aux normes sociales, lui qui a toujours cherché à se libérer de tout carcan. L'entretien avec Monsieur Brul est houleux, Wolf finit par fermer les yeux et par se prendre la tête dans les mains. Quand il rouvre les yeux, il est dans un désert au bord de la mer. Avant qu'il puisse atteindre le rivage, il revient dans la machine.

Chapitre 26

De retour chez lui, Wolf retrouve Lil et leur chien, sénateur Dupont, dans la cuisine. Lil est bouleversée : sénateur Dupont est devenu gâteux. Parfaitement heureux maintenant qu'il a un ouapiti, dans un état d'absolue béatitude, sénateur Dupont considère qu'il n'a plus besoin d'être intelligent et de réfléchir. Il les invite à trouver leur ouapiti mais Wolf ne croit pas qu'il y en ait un pour chacun de nous. En quittant la cuisine, Wolf confie à Lil ses doutes face à la machine et à son processus pour effacer les souvenirs même si pour le moment il n'a rien détruit d'important selon lui. Soudain, ils aperçoivent Lazuli partir en courant de chez lui pour aller s'étendre dans l'herbe et pleurer.

Chapitre 27

Gênée mais inquiète, Lil va voir Folavril pour savoir ce qu'il se passe avec Lazuli. La jeune femme est incapable de lui répondre, Lazuli est parti d'un coup sans explication alors qu'ils s'embrassaient. Il dit avoir à nouveau vu l'homme. Les deux femmes se sentent impuissantes, conscientes de faire déjà tout ce qui est en leur pouvoir.

Chapitre 28

Folavril rêvasse dans le lit de Lazuli. Elle l'attend. Ce dernier la rejoint et, fou de désir, s'allonge auprès d'elle.

Chapitre 29

Folavril et Lazuli s'embrassent, se déshabillent, l'homme réapparaît mais, cette fois, Lazuli ne bouge pas. Discrètement, il attrape son poignard. Alors que l'homme est de nouveau sur le point de se volatiliser, Lazuli le saisit et le poignarde avant de le faire rouler au sol. Soulagé, il revient aux côtés de Folavril et continue à l'embrasser, mais un autre homme paraît. Dès lors s'ensuit un combat lugubre où Lazuli poignarde encore et encore ces hommes qui réapparaissent aussitôt qu'il les a tués, sous les yeux de Folavril, horrifiée. Soudain, Lazuli retourne son arme contre lui et frappe en plein coeur. Quand il tombe au sol, inerte, tous les cadavres des hommes apparaissent à Folavril et leurs plaies apparaissent sur le corps de Lazuli. Pire encore, tous les hommes sont identiques à Lazuli. Alors que Folavril se rhabille pour aller chercher de l'aide, les cadavres se brouillent et s'évaporent comme Lazuli le décrit depuis le début du roman tandis que les plaies sur le corps du jeune homme disparaissent en même temps que les cadavres. Dehors, l'orage gronde, presque irréel.

Chapitre 30

Maintenant réfugiée dans le lit de son amie, Folavril

décrit la scène à Lil qui n'en croit évidemment pas ses oreilles. Pour en avoir le cœur net, elle monte voir la chambre de Lazuli avec Folavril mais quand elles arrivent sur le palier, la chambre a disparu. Confuses, elles vérifient la chambre de Folavril, celle-ci n'a pas bougé. Face à cet évènement inexplicable, Folavril décide de faire comme si Lazuli n'avait jamais existé, pas plus que leur histoire d'amour.

Chapitre 31

De retour sur la plage, Wolf rencontre deux vieilles femmes, Mademoiselle Aglaé et Mademoiselle Héloïse avec lesquelles il va parler de l'amour et de son rapport aux femmes. Avec elles, il revient sur ses premiers émois adolescents, l'éveil de son désir pour les femmes mais aussi sur son désintérêt pour la séduction, son dégoût pour l'attraction, si commune, qu'il pouvait ressentir pour des femmes belles. Enfin, il revient sur sa longue chasteté due à la peur de maladies sexuellement transmissibles et sur son manque de passion. Celui-ci explique d'ailleurs pourquoi il n'aime pas follement Lil qu'il a épousé moins par amour que par convenance. Quand il revient soudain à lui auprès de la machine, il s'interroge pour la première fois sur la viabilité de son projet, sur l'intérêt réel d'effacer tous ses souvenirs.

Chapitre 32

Wolf revient à la maison, Lil lui raconte ce qu'il s'est passé avec Lazuli et Folavril. Ensuite, alors qu'il met la table avec Lil, il se saisit d'un grand saladier en cristal auquel Lil tient beaucoup et le lâche. Face à sa femme perplexe, il annonce qu'il l'a fait exprès même s'il sait qu'elle tient à ce saladier, qu'il ne ressent rien, qu'il s'en va. Il quitte la maison. Lil, épuisée de ces rebondissements, a finalement une épiphanie : il est impossible de vivre heureuse avec les hommes.

Chapitre 33

De nouveau dans la machine, Wolf revient sur la plage et rencontre Carla, la nièce des demoiselles qu'il vient de quitter. Elle est là pour discuter avec Wolf de ce qu'il ne voulait pas partager avec les tantes. Ensemble, ils discutent du désir, reviennent sur la passion amoureuse. Carla en conclut que Wolf a toujours résisté à ses désirs et que c'est pour cela qu'il n'a pas goût à la vie, qu'il mourra déçu. Elle s'élance vers la mer et disparaît dans l'eau. Après un moment à l'attendre, Wolf, déçu et vidé, marche dans le désert. Au loin se dresse la guérite d'un percepteur d'une taxe, la taxe pour s'être baigné. Excédé par le processus de la machine, Wolf détruit la guérite et se jette sur le fonctionnaire qu'il force à manger du sable jusqu'à ce que mort s'ensuive. Face au cadavre, Wolf se redresse doucement en monologuant sur la perfection de la mort, comme si mourir était la réponse à ses questionnements, l'aboutissement de sa quête. Ainsi, il se remet en marche et traverse un paysage qui se transforme et devient de plus en plus hostile. Le désert devient une montagne impraticable. Proche du sommet, il lâche prise, se laisse tomber en arrière. Le vent l'arrache de la machine, il tourbillonne dans l'air.

Chapitre 34

Chez Lil, les deux jeunes femmes décident de faire leurs valises et de quitter la ville. Ensemble, elles font des rêves de liberté et d'amours sans lendemain, de colocation insouciante et entretenue.

Chapitre 35

Folavril et Lil quittent la maison, très élégantes. Sur le chemin, elles passent devant la machine qui semble se remplir d'un liquide sombre, le même liquide que Wolf prenait pour du sang. La machine est visiblement à l'agonie. Elles ont une dernière pensée pour Wolf avant de reprendre la route et de faire de joyeux projets pour leur soirée. Derrière elles, le cadavre de Wolf gît près de la machine.

LES RAISONS
DU SUCCÈS

Marqué par les horreurs de deux guerres mondiales et la montée du fascisme en Europe, la première moitié du XXe est une période particulièrement difficile pour la France.

En 1950, l'Europe sort à peine de la Seconde guerre mondiale. Traumatisées par l'horreur de la Shoah et l'utilisation de la bombe atomique, les sociétés européennes se relèvent difficilement, marquées à jamais par le génocide juif et la destruction d'Hiroshima et de Nagasaki. Pour la première fois, l'Homme a cherché sa propre extermination, a mis en place les moyens techniques pour s'auto-détruire, et les valeurs judo-chrétiennes de ces sociétés occidentales en sont à jamais bousculées, si ce n'est détruites pour certaines.

Ainsi, sur fond d'enthousiasme pour les idées communistes dans les milieux de gauche, de nouveaux courants de pensée voient le jour. Nous pouvons d'abord évoquer l'existentialisme que Sartre expose notamment dans *L'Existentialisme est un humanisme*, dont voici un extrait : « En tout cas, ce que nous pouvons dire dès le début, c'est que nous entendons par existentialisme une doctrine qui rend la vie humaine possible et qui, par ailleurs, déclare que toute vérité et toute action impliquent un milieu et une subjectivité humaine. » Cette philosophie, Sartre l'illustrera dans plusieurs de ses ouvrages, notamment *La Nausée* ou encore *Huis Clos*. Ensuite, nous pouvons aussi parler la philosophie de l'absurde de Camus, qu'il expose d'abord dans *Le Mythe de Sisyphe* : « L'absurde naît de cette confrontation entre l'appel humain et le silence déraisonnable du monde » et qu'il reprendra dans son essai *L'Homme révolté*. Toute son œuvre sera empreinte de cette philosophie, notamment *L'Étranger* ou *La Peste*.

Proche de Sartre au début de sa carrière d'écrivain et évoluant toujours dans des mouvements qui contestent l'autorité et l'ordre établi, on retrouve évidemment une remise en question de la tradition et des institutions dans l'œuvre de Boris

Vian. En effet, comme nous l'avons déjà évoqué, *L'Herbe Rouge* n'hésite pas à se moquer d'un pouvoir institutionnalisé qui se vend pour un rien, s'amusant à mettre nue sur un char la femme du maire en train de faire la promotion d'un fromager ayant des informations compromettantes sur le couple au pouvoir. Le but de la machine elle-même est une illustration parfaite de la vision du pouvoir que se fait Boris Vian puisque le maire annonce avec enthousiasme qu'il ne sait pas à quoi sert cette machine. Si on ne retrouve pas les convictions profondément pacifistes de Vian, on retrouve cependant sa critique du pouvoir, à ses yeux au centre des guerres qu'il exècre tant.

Cependant, onirique et absurde, *L'Herbe Rouge* peine à rencontrer son public. Dans cet immédiat après-guerre, la société française est en quête de repères et en profonde transformation à tous les niveaux et le roman paraît trop éloigné des préoccupations de son temps bien que le personnage de Wolf, perdu et en quête de lui-même, rejoigne totalement l'état d'esprit général. Apparemment à contre-courant du fait de son humour et de son absurdité, écrit par un homme éclaboussé par le scandale de *J'irai cracher sur vos tombes*, le roman connaît un très petit tirage et ne se vend pas.

LES THÈMES
PRINCIPAUX

Quête intérieure d'un homme qui a perdu le goût à la vie, qui cherche à lui donner un sens, *L'Herbe Rouge* aborde plusieurs thèmes chers à Boris Vian tels que la psychanalyse, le rapport entre les femmes et les hommes et l'absurdité de la vie.

En effet, *L'Herbe Rouge* est d'abord une claire allégorie fantastique de la psychanalyse dans la mesure où Wolf est un homme perdu qui cherche à reprendre sa vie en main, à lui donner un sens et qui décide de retraverser l'entièreté de sa vie pour y parvenir. Ainsi, avec sa machine, il traverse différents mondes où il rencontre à chaque fois un personnage différent en charge de réfléchir avec lui sur un aspect de sa vie. L'exposition du plan que doit suivre Wolf pour enfin avoir une réponse au sens de son existence reprend d'ailleurs les différents domaines de réflexion de la psychanalyse : rapports aux parents, rapports aux femmes, rapports avec la religion, jeunesse, etc... De plus, l'utilisation d'une machine et le monde absurde et plein de poésie dans lequel vit Wolf permettent de transposer cette démarche psychanalytique dans un univers fantastique où les lois de la physique et les conventions sociales n'ont pas prise, n'existent pas. Néanmoins, si cette psychanalyse est surprenante et nous émerveille presque, elle n'en est pas moins profondément critiquée par Vian, qui pointe du doigt les incohérences, les dangers et la bêtise réglée de l'exercice. Ainsi, celui qui cherche le sens de sa vie doit suivre un plan pré-établi et rencontrer une multitude d'intervenants qui se partagent son dossier. Ici, la psychanalyse est une administration complexe et écrasante, infinie, qui finit par rendre fou celui qui la suit, semble même le séparer de son entourage et enfin le pousser au suicide, le mort étant celui qui, à chaque entretien, a la réponse. Enfin, avec la psychanalyse, c'est le thème de la honte qui revient inlassablement tout au long du livre. C'est même le sentiment sur lequel Wolf revient le plus souvent, en faisant la clé de voûte de son existence, la motivation au cœur de ses choix.

Autre thème privilégié de la psychanalyse, le rapport entre les femmes et les hommes, est également au cœur du livre qui se concentre d'ailleurs majoritairement sur deux couples : Wolf et Lil, et Folavril et Saphir Lazuli. Ainsi, ces deux couples montrent deux rapports bien distincts. Nous avons d'abord un mariage qui connaît de grandes difficultés malgré une tendresse visible : Lil a du mal à comprendre et à contenter Wolf et Wolf n'a le goût de rien et finalement n'est pas réellement amoureux de Lil, allant même jusqu'à dire qu'il s'est marié par convenance. D'autre part, nous avons le couple de Folavril et Saphir Lazuli, amis de Lil et Wolf et jeune couple aux prémices de leur amour. Ici, même si tout semble aller pour le mieux entre eux, Lazuli est harcelé par un homme qu'il est le seul à voir dès qu'il essay d'embrasser et même de consommer son amour avec Folavril. Dès lors, l'amour de Lazuli pour Folavril est toujours une expérience duale, à la fois source de bonheur et d'angoisse, et rend fou Lazuli au point de le tuer et de le faire disparaître à jamais du monde. Les amours de ces deux hommes sont donc toujours contrebalancées par une angoisse terrible, une difficulté absolue à vivre et ce n'est que dans le quartier des amoureuses, là où on ne connaît que les plaisirs de la chair que l'homme de Lazuli et les interrogations de Wolf disparaissent, l'espace de quelques heures. Avec ces deux hommes peinant à aimer leur partenaire, Boris Vian semble montrer la cohabitation trop difficile entre les femmes et les hommes, faisant même dire à Lil : « En réalité, dit-elle à haute voix, ils ne sont pas faits pour nous. Ils sont faits pour eux. Et nous pour rien. » Impuissantes face aux angoisses des hommes, les femmes se libèrent donc et les laissent se détruire pour vivre librement, sans attaches, finalement heureuses, comme le montre la fin du roman où Folavril et Lil partent joyeusement vers une nouvelle vie, laissant la disparition de Lazuli et le cadavre de Wolf derrière elles.

Enfin, de ses personnages à son univers, en passant par l'écriture de Vian et ses multiples inventions défiant les codes moraux et les règles de la physique, *L'Herbe rouge* est un roman empreint d'une absurdité propre au siècle. En effet, le suicide de Wolf qui se tue car c'est finalement la seule solution à la vie, nous rappelle la vision du suicide de Camus : « Il n'y a qu'un problème philosophique vraiment sérieux : c'est le suicide. Juger que la vie vaut ou ne vaut pas la peine d'être vécue, c'est répondre à la question fondamentale de la philosophie. » Cette phrase semble résumer toute la quête de Wolf : juger si la vie vaut la peine d'être vécue et finalement décider que ce n'est pas le cas. Aussi pessimiste soit-elle, la conclusion du roman montre que la quête de Wolf est moins la quête du bonheur comme le croit son entourage qui lui conseille de « trouver son ouapiti » qu'une réflexion philosophique sur le sens de sa propre vie et de la légitimité, ou encore la logique à la poursuivre.

ÉTUDE DU MOUVEMENT LITTÉRAIRE

Apparemment détachée des réflexions de son époque, *L'Herbe rouge* se révèle évidemment empreinte des angoisses et des interrogations de l'immédiat après-guerre. Comme nous l'avons dit, la France est en pleine reconstruction et donc en pleine mutation et la littérature se voit évidemment influencée par ces transformations.

Dans les années 1950, la littérature est très souvent au service du politique ou au moins très étroitement liée au politique et à la philosophie, comme nous l'avons déjà vu avec Sartre et Camus. Néanmoins, on peut constater, notamment dans le roman, des transformations majeures tant sur le fond que sur la forme. Ainsi, si le roman garde une forme plutôt traditionnelle, il est le lieu de l'exploration de son intériorité. Si l'exaltation de ses opinions politiques et des héros de la guerre, notamment les résistants de la Seconde guerre mondiale, sont le point de départ du dévoilement de soi, l'écriture de soi est de plus en plus présente et sous des formes multiples. On ne s'en tient plus à l'autobiographie seule et de nouvelles formes sont explorées, comme l'auto-fiction avec par exemple *La Promesse de l'Aube* de Romain Gary ou *Journal du voleur* de Jean Genet.

Plus encore, ce XXe siècle est l'occasion de jeux avec la langue, de constructions de nouveaux langages, de nouvelles orthographes. La quête langagière de Louis-Ferdinand Céline ou même la recherche de Marcel Proust en sont des exemples éloquents.

Enfin, c'est aussi l'époque des romans plus populaires, du livre devenu objet de divertissement en concurrence avec d'autres médias, tels que le cinéma ou la radio. De nouveaux genres, le plus souvent destinés au grand public, apparaissent et témoignent de l'évolution de la société. En effet, le roman policier et le roman noir se popularisent auprès d'un public fasciné par les États-Unis, avides de cette culture, reconnaissante également envers ce pays qui l'a aidé à se libérer de l'occupation nazie. Plus encore, la France commence à s'ouvrir à l'international et s'intéresse de plus en plus aux autres cultures, et donc à la littérature traduite. Enfin, les avancées techniques de plus en plus rapides du XXe siècle invitent le grand public à fantasmer un futur où l'on pourra voyager dans l'espace et vivre plus de 100 ans, inspirent des auteurs qui esquissent les premiers romans de science-fiction du siècle.

DANS LA MÊME COLLECTION
(par ordre alphabétique)

- **Anonyme**, *La Farce de Maître Pathelin*
- **Anouilh**, *Antigone*
- **Aragon**, *Aurélien*
- **Aragon**, *Le Paysan de Paris*
- **Austen**, *Raison et Sentiments*
- **Balzac**, *Illusions perdues*
- **Balzac**, *La Femme de trente ans*
- **Balzac**, *Le Colonel Chabert*
- **Balzac**, *Le Lys dans la vallée*
- **Balzac**, *Le Père Goriot*
- **Barbey d'Aurevilly**, *L'Ensorcelée*
- **Barbey d'Aurevilly**, *Les Diaboliques*
- **Bataille**, *Ma mère*
- **Baudelaire**, *Les Fleurs du Mal*
- **Baudelaire**, *Petits poèmes en prose*
- **Beaumarchais**, *Le Barbier de Séville*
- **Beaumarchais**, *Le Mariage de Figaro*
- **Beauvoir**, *Mémoires d'une jeune fille rangée*
- **Beckett**, *Fin de partie*
- **Brecht**, *La Noce*
- **Brecht**, *La Résistible ascension d'Arturo Ui*
- **Brecht**, *Mère Courage et ses enfants*
- **Breton**, *Nadja*
- **Brontë**, *Jane Eyre*
- **Camus**, *L'Étranger*
- **Carroll**, *Alice au pays des merveilles*
- **Céline**, *Mort à crédit*
- **Céline**, *Voyage au bout de la nuit*

- **Chateaubriand**, *Atala*
- **Chateaubriand**, *René*
- **Chrétien de Troyes**, *Perceval*
- **Cocteau**, *Les Enfants terribles*
- **Colette**, *Le Blé en herbe*
- **Corneille**, *Le Cid*
- **Crébillon fils**, *Les Égarements du cœur et de l'esprit*
- **Defoe**, *Robinson Crusoé*
- **Dickens**, *Oliver Twist*
- **Du Bellay**, *Les Regrets*
- **Dumas**, *Henri III et sa cour*
- **Duras**, *L'Amant*
- **Duras**, *La Pluie d'été*
- **Duras**, *Un barrage contre le Pacifique*
- **Flaubert**, *Bouvard et Pécuchet*
- **Flaubert**, *L'Éducation sentimentale*
- **Flaubert**, *Madame Bovary*
- **Flaubert**, *Salammbô*
- **Gary**, *La Vie devant soi*
- **Giraudoux**, *Électre*
- **Giraudoux**, *La Guerre de Troie n'aura pas lieu*
- **Gogol**, *Le Mariage*
- **Homère**, *L'Odyssée*
- **Hugo**, *Hernani*
- **Hugo**, *Les Misérables*
- **Hugo**, *Notre-Dame de Paris*
- **Huxley**, *Le Meilleur des mondes*
- **Jaccottet**, *À la lumière d'hiver*
- **James**, *Une vie à Londres*
- **Jarry**, *Ubu roi*
- **Kafka**, *La Métamorphose*
- **Kerouac**, *Sur la route*
- **Kessel**, *Le Lion*

- **La Fayette**, *La Princesse de Clèves*
- **Le Clézio**, *Mondo et autres histoires*
- **Levi**, *Si c'est un homme*
- **London**, *Croc-Blanc*
- **London**, *L'Appel de la forêt*
- **Maupassant**, *Boule de suif*
- **Maupassant**, *Le Horla*
- **Maupassant**, *Une vie*
- **Molière**, *Amphitryon*
- **Molière**, *Dom Juan*
- **Molière**, *L'Avare*
- **Molière**, *Le Malade imaginaire*
- **Molière**, *Le Tartuffe*
- **Molière**, *Les Fourberies de Scapin*
- **Musset**, *Les Caprices de Marianne*
- **Musset**, *Lorenzaccio*
- **Musset**, *On ne badine pas avec l'amour*
- **Perec**, *La Disparition*
- **Perec**, *Les Choses*
- **Perrault**, *Contes*
- **Prévert**, *Paroles*
- **Prévost**, *Manon Lescaut*
- **Proust**, *À l'ombre des jeunes filles en fleurs*
- **Proust**, *Albertine disparue*
- **Proust**, *Du côté de chez Swann*
- **Proust**, *Le Côté de Guermantes*
- **Proust**, *Le Temps retrouvé*
- **Proust**, *Sodome et Gomorrhe*
- **Proust**, *Un amour de Swann*
- **Queneau**, *Exercices de style*
- **Quignard**, *Tous les matins du monde*
- **Rabelais**, *Gargantua*
- **Rabelais**, *Pantagruel*

- **Racine**, *Andromaque*
- **Racine**, *Bérénice*
- **Racine**, *Britannicus*
- **Racine**, *Phèdre*
- **Renard**, *Poil de carotte*
- **Rimbaud**, *Une saison en enfer*
- **Sagan**, *Bonjour tristesse*
- **Saint-Exupéry**, *Le Petit Prince*
- **Sarraute**, *Enfance*
- **Sarraute**, *Tropismes*
- **Sartre**, *Huis clos*
- **Sartre**, *La Nausée*
- **Senghor**, *La Belle histoire de Leuk-le-lièvre*
- **Shakespeare**, *Roméo et Juliette*
- **Steinbeck**, *Les Raisins de la colère*
- **Stendhal**, *La Chartreuse de Parme*
- **Stendhal**, *Le Rouge et le Noir*
- **Verlaine**, *Romances sans paroles*
- **Verne**, *Une ville flottante*
- **Verne**, *Voyage au centre de la Terre*
- **Vian**, *L'Arrache-cœur*
- **Vian**, *L'Écume des jours*
- **Voltaire**, *Candide*
- **Voltaire**, *Micromégas*
- **Zola**, *Au Bonheur des Dames*
- **Zola**, *Germinal*
- **Zola**, *L'Argent*
- **Zola**, *L'Assommoir*
- **Zola**, *La Bête humaine*
- **Zola**, *Nana*
- **Zola**, *Pot-Bouille*